UN POETA INTRASCENDENTE

Santiago Mazarrasa

UN POETA INTRASCENDENTE
Monólogo póstumo del poeta
Ciria y Escalante

Prólogo de Alberto Santamaría

ULISES

Esta publicación ha contado con la ayuda de la Fundación Gerardo Diego
y de sus patronos: Ayuntamiento de Santander y
Consejería de Cultura, Turismo y Deporte del Gobierno de Cantabria.

www.edicionesulises.com

tel.: (+34) 955998232 • info@edicionesulises.com

Diseño de cubierta: Equipo Renacimiento

DEPÓSITO LEGAL: M 26349-2025 • ISBN: 978-84-19026-27-9
Impreso en España • Printed in Spain

PRÓLOGO

CIRIA, JUNTO
A LA ALMOHADA

Un fantasma recorre la vanguardia en España, es el fantasma de José de Ciria y Escalante. Un fantasma espigado, caleidoscópico, huidizo, temprano... Pero como todo buen fantasma poseedor de una virtud precisa y constante: como buen fantasma sabe aparecerse, mostrarse cuando nadie lo espera, sabe asustar a quien debe, sabe animar a quien lo necesita. Ciria, sí, es cierto, es el fantasma de la poesía española. Al menos así lo he concebido desde que a finales del siglo pasado me encontrase con su obra, e insistí en publicarla de nuevo (de ahí surgió *De mi sortija penden todos los merenderos*, que edité gracias a Alastair Carmichael en 2004), así lo he imaginado: como una fuerza invisible que en su breve vida trató de agitar su propio presente, deslizarse con fuerza entre diversas realidades. La de Ciria es, ya se sabe, una historia triste: haber vivido apenas 20 años, dejar la vida tan pronto, con dolor, pero al mismo tiempo es la historia de quien supo inyectarse vida en las venas, abrir en canal el lenguaje, su idioma, desplazarse de una forma

8

inusual entre las palabras y la vida. Esa es su breve obra: una fractura del lenguaje, un descubrimiento radical en torno a las palabras, a pesar de ser poco más que un adolescente. Usando su propio bisturí desgarra las abigarradas pieles de lo real. Aeroplanos, vientres, almohadas, rayos, merenderos, sortijas, pantallas cinematográficas… Llegó demasiado pronto a todo eso, y la poesía es el lugar donde todo tiene cabida. En su poesía nada es lo que parece y, sin embargo, todo es lo que siempre ha sido. Sé que suena paradójico, pero es así. Me explico. Ciria descubre tan joven una cuestión clave: el lenguaje es un fracaso. Una iluminación fascinante. Las palabras no son más que

9

muecas, insinuaciones parciales, lentos y furtivos pasos que nunca, jamás, llegan a tocar la realidad. La poesía, únicamente la poesía, tiene la capacidad de rozar el corazón de este mundo extraño. La poesía, piensa Ciria, es un juego, pero es el juego que nos permite situarnos lo más cerca posible de la vida.

Aquí se sitúa el trabajo de Santiago Mazarrasa. Su Ciria es un fantasma bello, delicado, giocondiano. La obra nos dibuja precisamente el interior monologado de un personaje que está al mismo tiempo dentro y fuera de la vida. Mazarrasa nos ofrece un monólogo intenso e inquietante, donde la voz que escuchamos nos habla a través de

las décadas y nos entiende como público, pero en realidad somos sus rehe-
nes, presos de lo que fue una generación
que entendió radicalmente la libertad
del lenguaje, sin ambages ni frenos. El
lenguaje desatado de cualquier pleite-
sía, capaz de modificar la realidad, pero
sobre todo capaz de hacer algo aún más
fascinante: hacer irreal lo que parece
real, trastocar los firmes pilares de lo
que parece estable. Escribe la voz de este
monólogo: «escribía, sobre todo, acerca
de los poemas que imaginaba y no sabía
escribir». Ahí está el pulso adolescente,
pero trascendente en igual medida que
nutre la obra de Ciria; la obra y la vida.
Mazarrasa a través de una exquisita for-

ma de escritura deslizante nos va llevando tranquila pero hipnóticamente hacia el núcleo de la vida de Ciria: su propia muerte, la paradoja superior del logaritmo ultraísta.

Todavía creo que nos cuesta imaginar a Ciria, situarlo en un lugar concreto, en un tiempo definido. Incluso, en algún momento he llegado a creer que nunca existió, que fue algo así como un invento creado en secreto por los ultraístas, pero también por Federico García Lorca, o algún otro. Y tal vez, quién sabe, él se viera de este modo: un actor, sujeto a los vaivenes de un personaje, pero donde ese personaje, domador de tigres y pulgas asesinas, es más real que la figura de carne y hueso llamada José de Ciria y Escalante. «Yo es otro», decía Rimbaud (otro poeta adolescente), y esa fuerza torrencial de la salida de la infancia nutre la poesía del fantasma de Ciria: no ser nunca el mismo, ser otro a cada momento, a cada palabra, imposible de etiquetar, de cercar dentro de los límites del lenguaje.

Ciria, fantasma que nos sigue embaucando desde algún lugar indefinido, tal vez desde las palabras a destiempo, tal vez desde las cosas, desde la poética radical de lo cotidiano donde nada es lo que parece o lo es en grado sumo y por eso es fascinante. Ciria, fantasma radical y reflector, empujando desde la nada al lenguaje hasta hacerlo gritar entre las cosas. Ciria, fantasma emocionado y perdido en su propia lejanía que a veces retorna por pequeñas grietas del tiempo, como este texto de Santiago Mazarra- sa, que recoge la potencia de su vida y, sobre todo, de su larga y extensa muerte.

ALBERTO SANTAMARÍA
Salamanca, septiembre de 2025

UN POETA INTRASCENDENTE

Monólogo póstumo del poeta Ciria y Escalante

HABITACIÓN del Hotel Palace de Madrid. Butaca, mesita, lámpara, una alfombra. De los costados cuelgan largas tiras de espejos. Al fondo, a través de una enorme ventana, se proyecta un aluvión de imágenes: la Cibeles, el Paseo del Prado y otras tantas avenidas, tranvías, metros, tráfico y paseantes. Una mesa pequeña con una lámpara, libros, cuadernos y un mazo de naipes viejos. José de Ciria está a medio vestir, como si no *hubiera terminado de prepararse. Juega a hacer castillos con el mazo, que se derrumba varias veces durante la tarde. Cada cierto tiempo, abre alguno de los cuadernos que tiene desperdigados por la habitación. Hace ademán de leerlos. Suena música de fondo. En uno de los cuadernos encuentra un sobre. Lo abre y saca una carta. Ambos, carta y sobre, tienen aspecto de ser muy viejos. En voz alta, lee:*

«Yo en secreto te digo que no ha muerto… no se porqué… pero no me cabe la menor duda de que no ha muerto».

Es cierto y no es cierto, a la vez. Aprecio mucho esta frase de mi amigo. Unos días más tarde escribió un poema en el que me llamó *Delicado Giocondo*. Un poema que no pude leer en vida, pero que no me canso de oír en boca de otros. Oír sí oigo, porque soy fantasma, pero no sordo. Estoy muerto y no muerto a la vez, soy el fantasma de un poeta joven. Muerto y no muerto, porque si Federico lo dice, si Federico quiere, yo no muero, que es poeta y, como yo, tiene una gran imaginación y un talento eficaz como el mecanismo de los relojes. Así que hoy, poeta joven, semilla de poeta más bien, que me vienen a ver todos ustedes, probablemente sin saber ni quién soy ni por qué han venido, hoy no estoy muerto.

Pepín Ciria me llaman mis amigos, me llamaban, mejor dicho, pero ustedes, mi nuevo público, quizás mi último –permítanme decirlo– ustedes, que están viendo a un poeta joven y a un fantasma centenario, llámenme José de Ciria y Escalante, un nombre mucho más adecuado para los manuales de literatura, ahora que la tinta de mis poemas es casi tan vieja como la primera ametralladora.

Lo que ven es una habitación del Palace de Madrid. Ojalá, como yo, hubiera permanecido intacta todos estos años. Ahora es una mezcla extraña de objetos y yo, que tan moderno me creo, asisto silencioso al cambio de muebles y a la constante llegada de extraños huéspedes con cada vez más extraños atuendos. Reconozco que me desagradan, los huéspedes: entran sin llamar, se acuestan en mi cama, se miran en mis espejos… Cuando abren las ventanas, oigo Madrid ¡Un Madrid hiperactivo, ruidoso, acelerado! ¡El Madrid del futuro! Lo observo con envidia porque no lo entiendo. Cuando llegamos aquí por primera vez, la ciudad aún se acostumbraba a la luz eléctrica, apenas se oían bocinas –privilegio de pocos– y los carteles luminosos eran un sueño que soñábamos poetas, alcaldes y, cómo no, inversores.

Mi madre y yo fuimos huéspedes permanentes de esta habitación, pero las ventanas solo se abrían para ventilar. Algunos, por cierto, dicen que teníamos un tigre, un pequeño tigre que nos acompañaba. Para espantar visitas incómodas, supongo. Aunque de él no quede ni el fantasma, no pienso negarlo. Al fin y al cabo, se vive mucho mejor de la leyenda.

No nací aquí, en Madrid, no nací moderno, me lo hice. Nací en Santander, en 1903, durante la infancia del mundo tal y como hoy lo conocen. Nací poco después de la invención del cine; poco antes de que se inventaran la guerra de trincheras y el gas mostaza; poco antes de que Alfonso XIII colocara la primera piedra de Gran Vía, el mismo año que se fundó el Casino de Santander, que trajo algo de la Europa liviana a esta ciudad de pescadores, curas y penitentes Les mentiría con gusto, pero no lo hago: acababa de cumplir diez años cuando una avioneta cruzó por primera vez el cielo de Santander. Recuerdo el estruendo, como de truenos dilatados, y las caras, los viejos pálidos, las madres asustadas, los niños incrédulos con la sonrisa desencajada. No tengan dudas: soy hijo de la técnica y de la máquina, estoy más cerca de las hélices que del mar, más cerca de los aeroplanos que de las nubes. A mí, como a Guillermo de Torre, los motores siempre me sonaron mejor que los endecasílabos.

Aún vivía en Santander cuando se inauguró el Ateneo, pero era un crío y no lo pisé hasta pasados unos años. Luego se lo cuento. Si de comparar acontecimientos se tratara, les gustará saber que abrió sus puertas en 1914, al mismo tiempo que la I Guerra Mundial, Las del Ateneo invitaban al futuro, las de la guerra, al desencanto. En 1917, cuando terminó, el mundo era mucho más rápido, mucho más mortal y estaba mucho mejor iluminado. Imaginen: las trincheras, los obuses, los gritos, los muertos. ¡Imaginen los motores con su pulso mecánico! ¡Cómo silencian las voces oxidadas de los sentimentales! Rubénes Daríos, espíritus viejos, cientos de espíritus, aplastados bajo toneladas de novedades, todos mudos. Cuando cumplí la mayoría de edad, no existía poesía para el nuevo mundo y tuvimos que inventarla.

¡¿Qué inventarla?! ¿Qué clase de ambición esa esta que quiere mover montañas y no carga con las piedras? La juventud… ¡Fue la juventud, mi público, la juventud! Ignorantes, valientes, desarraigados, ligeros: así nos quiere la vida cuando apenas la rozamos, así, orgullosos y erguidos como brotes nuevos. Primaverales, así nos imaginábamos… ¡Qué horror! ¡Qué cursi! Ciria, el cursi, pensarán. Ni muerto se protege uno contra los tópicos. Será que no podemos escapar de lo que ya se ha dicho, tampoco ustedes, no se crean tan listos, tan, tan público.

Mi público, mi público, ¡Mi público! Sueño con ustedes y cuando vienen los temo. ¿Por qué han venido? Se lo pregunto yo, que lo sé, o lo sospecho: han venido a escuchar al poeta que fui. Han venido a oír por primera vez los escasos poemas de un poeta de ciento veintiún años que dejó de escribir hace cien. ¡Un poeta intrascendente en el centenario de una muerte intrascendente! ¿O no? Juzguen, porque aquí estoy, parado en un instante eterno. Un instante, por cierto, idéntico para los no nacidos y para los muertos. Idéntico para lo callado y para lo escrito.

ESTANCIA

Los poemas aún no nacidos
gimen bajo la lámpara

Sobre mi frente
se deshojan como flores
                    tus palabras

Las canciones perdidas
sueñan en la ventana

    El silencio
                    en el espejo
                                    naufraga

Un lucero extraviado nos canta
junto a la almohada.

Tan joven yo… y tan poeta. Tan perdido en las posibilidades de mi propio talento, que escribía, sobre todo, acerca de los poemas que imaginaba y no sabía escribir. Es vicio de adolescente apuntar alto y no medir las fuerzas.

Piensen conmigo lo que yo llevo cien años pensando. ¿Qué habría sido de mí? ¿Hasta dónde habría llegado? ¿Sería una nota al margen o la doble página en la literatura del mundo? Todo este entusiasmo, esta arrogancia de joven poeta, ¿habría dado sus frutos o habría sido víctima del ridículo? Cien años de dudas son muchos años a las espaldas de cualquiera. Cien años despierto el poeta enclenque, que también fantasma se padece.

¡Pero aquí están! Han venido, eso no lo puedo dudar. Aunque no conozco sus intenciones. ¿Acaso vienen a reírse? ¿Les hace gracia esto del fantasma condenado? ¿Para esto ocupan mi habitación? ¿Para mofarse? ¿Serán tan maleducados? ¿O vienen a estrechar mi mano sin huesos, a llevarme consigo? ¿Han venido, acaso, a corroborar lo que sospechan? Que un poeta que no está en los libros no es un poeta. Vienen, confirman y se marchan. Un poeta más, un poeta joven, semilla de poeta, ni eso, un joven engreído, un joven con talento, uno más, no uno cualquiera, han venido a juzgarme: una última oportunidad para Ciria, poeta sin libros. El joven Ciria, el talentoso, Ciria el prometedor, el cursi Ciria, el entusiasta Ciria, el muerto Ciria, que vio a sus amigos lanzarse a la literatura como al agua los sedientos, que los vio coronarse y morir y vio el mundo que los lloraba y todo eso lo vio con ojos sin nervios, sin carne, con ojos de fantasma. ¡Cuántos amigos tuve y ningún amigo me queda!

Existe un libro, por si quieren leerlo, que mató a varios antes de muertos y a otros les quitó las ganas de escribir. *Movimiento VP,* la única novela para ultraístas. Ahí están los mejores, los universales. Y yo, que lo sostengo entre mis manos, no puedo sujetar la pluma. Este es mi principal problema. El único, en realidad, porque hambre no tengo.

No sé si les ha gustado el poema. Hace años no me habría importado. Mejor dicho, me habría tenido sin cuidado. Será cosa del tiempo, que erosiona las piedras y vuelve inútiles las defensas, pero hoy, lo admito, me debato. Quiero que les guste, supongo, pero si no... ¿de quién es la culpa? No fuimos por ustedes, por el público, bien recibidos. No del todo, al menos. Pero de eso se trataba, había que chocar. ¿No es eso lo que tiene que hacer un poeta joven?

ANGUSTIA

Los árboles gimnastas
que han saltado en la pista
van recogiendo aplausos con el pico

Las banderas desnudas
sollozan en sus cárceles

Canciones insospechadas
naufragan en mi pecho

El otoño ha deshojado mi cartera

Un lucero extraviado
me canta junto a la almohada

Repito versos como se repiten los días, porque a veces los olvido. O porque lo merecen.

Este y el anterior los publiqué en la revista ULTRA, la que nos puso en boca de todos, en la de ustedes también si hubieran estado atentos. Hablo en plural porque no fui nunca un poeta solitario, fui un poeta de banda de poetas, o mejor, de un movimiento. ¡Los ultraístas! Tan hiperbólicos, tan encendidos, tan audaces… Eso nos decíamos. Lo que decían otros, eso es otra historia. Tan ultraístas, tan hiperbólicos… ¿Qué queríamos ser? ¿tan… tan… tan…? ¿Qué queríamos? Queríamos chocar, dejar huella, vaciar las academias, no queríamos sillones, queríamos fama, no queríamos lágrimas, queríamos juegos, no queríamos reglas, queríamos azar. Queríamos, por mucho que pidiéramos, un lugar para nosotros.

Escuchen, escuchen, ¡Ay! ¡Qué chocar tan... tan... ¿inocente?

Los ultraístas estamos desvirgando el himen del Futuro.

Pero es que no teníamos ni idea de qué aspecto tenía el futuro. Para este mundo nuevo, la poesía anterior ya no valía. No existían diccionarios para los versos ultraístas. Creo que por eso le cogimos mucho gusto a la proclama y al manifiesto, es decir, a los gestos y a las intenciones. ¿No es todo lo que tiene un joven? ¿Y un joven muerto? ¿No es esto todo lo que deja? Gestos e intenciones.

El ultraísmo es el abecedario de los poetas analfabetos... No dábamos ningún miedo. No fue para tanto, pero entre jóvenes importa la magnitud de las ambiciones. ¿Cómo se mide, si no, la calidad de una semilla? Eso es lo que yo tenía: potencial, muchísimo, porque tenía ganas, muchísimas, talento, muchísimo, y amigos con talento, muchísimos también. Lo tenía todo, pero, ¡Ay!, morí de tifus.

El tifus, creo, pueden transmitirlo las pulgas. ¿Quizás una pulga que habitara la espesa mata de pelo de nuestro tigre? Teníamos un tigre, se lo dije. ¿Quizás fuera, de lejos, mi riqueza la culpable de mi muerte? Mi riqueza no, la de mis padres. Piénsenlo: joven poeta joven muerto a causa de una pulga que habita en un tigre que ocupa una habitación del hotel Palace de Madrid, un tigre alimentado con la carne cruda que cortan, limpian y aderezan en la planta baja para la mejor habitación de la planta más alta del hotel, un joven poeta con ánimo de silenciar a todos los poetas viejos, a todos nuestros padres poetas, muere a causa de una pulga solo posible gracias a la riqueza heredada, la que le hizo rico mucho antes que poeta.

Un gran muerte para haberla vivido. ¿No creen? A veces pienso que mi muerte es lo más reseñable de mi biografía. Y ni siquiera es obra mía... Poeta joven muere de rico, muere sin haberse probado, sin haber sentido la alegría de sus logros ni la desilusión de sus fracasos. Poeta joven eternamente muerto a las puertas, poeta joven en el limbo, el lugar de la indiferencia.

Morí aquí, por cierto, en aquella cama, bueno la cama no es la misma. En todo caso, eso fue el final y deberíamos haber empezado por el origen. Lo tengo guardado en algún sitio, no sé cuando lo escribí, pero fue mucho antes de conocer a Gerardo Diego, mucho antes del ultraísmo.

ANHELO

Que nuestra voz, poetas, la voz del pueblo sea,
del pueblo que trabaja y sufre resignado,
Que sus grandes dolores en nuestros versos vea
y en ellos halle alivio su cuerpo fatigado.

Que nuestra musa sea toda la Humanidad
Con sus negros dolores...

No hace falta que se lo lea entero... Este es cualquier cosa menos un poema original, es el poema de un aspirante. ¡Y vaya aspirante! ¡Ciria, poeta del pueblo! ¡Ciria inmensamente pueblo e inmensamente rico! Yo, que no he conocido nunca el dolor del mundo, ni mucho menos ese dolor de obreros y mendigos del que quise ser paladín o, por lo menos, vocero. Lo escribí antes de 1919, antes de escuchar por primera vez la palabra «ultraísmo». Fue en el Ateneo de Santander. Fue gracias a Gerardo Diego. Por cierto, su *Manual de Espumas*, me lo dedicó. Debería estar por aquí.

Sobre la tumba inesperada de
José de Ciria y Escalante
amigo indeleble, estos versos
que él amaba, hoy con voluntad de flores.

Tengo más dedicatorias que libros publicados. De hecho, vivo no publiqué ninguno. Todo lo que tengo es póstumo y es poco. Algo existe, pero nunca ha llegado a mis manos.

Pienso en él, en Gerardo, que murió de viejo, bueno, de bronquitis, pero ya viejo. Noventa años, algo menos de lo que llevo de fantasma. Ayer, ayer, ayer, hace ciento y algo años, o más, en mi memoria los días se repiten como caballos en un tiovivo, el mismo paseo, un día y el anterior y el siguiente, el joven Gerardo y el crío Pepín, dos hermanos separados por un lustro caminan orgullosos por el muelle, por la playa, hasta el Palacio de la Magdalena, hasta el Casino recién inaugurado, donde futuras estrellas del cine europeo se juegan los cuartos que aún no tienen. Gerardo dice, «poesía» y yo respondo «nueva» y Gerardo asiente y yo asiento y luego pregunto

«¿y el amor?, ¿Gerardo?» y él responde «no es su turno», y yo callo y seguimos andando y luego insisto «entonces,
Gerardo, ¿no hablamos del amor», y el
responde «la luna muele estrellas / sin
música y sin agua / y el amor aburri-
do / sube y baja», y seguimos andando y
Gerardo se detiene a mirar las olas y yo
a las olas no las miro, yo espero respuestas y recibo nada más que imágenes.
«¿Y la muerte, Gerardo?» y él sin pres-
tarme atención responde «no importa»
y yo insisto, impaciente, «¿de qué vamos
a hablar, entonces?». Y Gerardo mira las
olas y nada más dice «La noria seguirá /
lavando los pañales / y la playa acunan-
do / náufragos triviales».

Recorro ese mismo paseo muchas veces y todas y cada una de ellas es distinto. «Gozadores perpetuos» dice siempre al terminar el paseo. Yo a esto nunca respondía. El resto lo aprendí ya muerto, en un poema suyo. La estrofa completa decía:

Violadores de rosas
Gozadores perpetuos del marfil de las cosas
Ya tenéis aquí el nido
que en la más ardua grúa se os ha construido

Por cierto, el poema se llamaba *Primavera*. Una imagen manida, ¿no? Pero Gerardo sabía cómo hacerlo. Escuchen de nuevo, «gozadores perpetuos del marfil de las cosas». Si los ecos fueran pájaros, les obligaría a cantar, encerrados conmigo, *gozadores perpetuos,* como mi público, *del marfil de las cosas.*

¿Qué es ese marfil? ¿Qué son esas cosas? ¿Qué teníamos? ¿Eh? ¿Qué teníamos? ¿Qué clase de munición cargábamos? Teníamos la electricidad, el metro, los aviones, las ciudades hirviendo bajo las ruedas de los automóviles, teníamos a Europa de nuestro lado, a los cubistas, los dadaístas, tuvimos a un chileno del futuro...

¿Y nuestros enemigos, tristes agentes al servicio de cementerios? Pues imágenes sobadísimas, metáforas de sofá mullido y un montón de polvo acumulado en imprentas, despachos y tertulias.

Y claro, si agitas un avispero, te llueven los aguijones. Quienes debían escuchar no lo hicieron, nos rechazaron en público y en privado, nos expulsaron de todas las veladas, nos cerraron las puertas de sus cafés. Publicaron en sus periódicos las peores críticas. Algunas las escribieron viejos amigos, viejos de verdad, en Santander y en Madrid. Yo las recopilaba, para reírme:

«El mundo de Ultra, soez y torpe muchas veces; observante y rebelde a la par; casto e impúdico, fervoroso y blasfemo… ¡loco! ¡Loco peligrosísimo! ¿Cómo va a vivir lo que quiere desterrar la belleza gloriosamente consagrada?».

Luego nos decían a nosotros lo de exaltados… ¡Consagrados vuestros culos, pura grasa sin nutrientes!

O esta otra: «han empezado por hacer el rótulo del estuche aun sin construir para la joya que no se sabe cómo será (…) lo que nos asusta es que estos jóvenes acuerdan ser atrevidos como quien acuerda ser ajedrecista». Esta me encanta, no lo puedo evitar. Algo de razón tiene, pero claro, si se la doy, se la doy hoy, que estamos, ellos y yo, todos muertos. No se equivoquen, que no fuimos incendiarios. Si acaso, niños traviesos, un poco desorientados, bombillas titilando en una larga tira de luces de feria.

¿Quién querría criticar a quien intenta
animar la fiesta? ¿Cómo podrían?

RELOJ

La madre abadesa
reza
con voz de estrella
Las novicias se han dormido
soñando
        con los trasnochadores
La pantalla cinematográfica
           aborta
un paisaje lunar
Y en lo alto del FARO
        el torrero y su novia
se dan un beso en la boca
Los luceros agitan
las campanillas.

Está claro que la calidad también se mide con la intensidad con la que se te resisten. Por mucho que molestaran las críticas enemigas, los dolores ultraístas, los incurables, vinieron de nuestro bando, de los traidores o de los indiferentes, como aquel que vino de Chile pero llegó de Francia, aquel, el chileno del futuro. Venía de hacer amigos en la Europa de vanguardia. Llegó a Madrid. Compartíamos mesa con él, pero en cuanto le pedimos que contribuyera a la revista con 50 pesetas semanales dijo que de eso nada, que ni su nombre ni su dinero... Declinó unirse a nosotros, que queríamos ser tan nuevos, tan modernos como fuera posible y a él lo moderno, imagino, se le quedaba corto y nuestros menús, en cambio, se le antojaban largos y bastante, por lo dicen que dijo, indigestos. Pero es que vaya cóctel: creacionismo, futurismo, dadaísmo, surrealismo, un ismo, otro ismo, otro ismo, y otro y otro… algunos los disfrazamos, otros lo retorcimos ¡Muchos nos los inventamos! Tantas y tantas mezclas para dar con algo nuevo, tantas y tantas que más de una vez se nos agrió la leche y alguno se fue a su casa con ganas de olvidar y de no volver a vernos. Si algo aprendimos es que hay que saber mezclar. O tener ganas de hacerlo. Por cierto, que de las ganas es de dónde nace el talento y no al revés.

Esperen, esperen. Voy muy rápido. Yo sí que lo estoy mezclando todo. Perdonen, pero es que a mí nadie me ha contratado para ser conferenciante. De hecho, creo que, hasta hoy, nunca nadie me ha contratado para nada. Mírenme la cara, apenas ha crecido barba que tuviera que afeitarme, apenas me ha dado el sol sino era el sol del descanso. Miren mis manos, tan, tan finas. Manos de aire, tengo. Trabajar, trabajar, no, pero eso no quiere decir que no haya puesto todo mi ánimo al servicio de algo.

¿Qué podría hacer si lo único que hice fue escribir? Tan joven, tan... literario. ¡Fundé mi propia revista! La mejor revista: REFLECTOR. Porque a eso venía: a redirigir la luz del público, a poner el foco donde antes solo habías sombras ¡Ay! Esto sí que les va a gustar, les tiene que gustar. No tengo mucho más que enseñarles... mi revista... ¡Un número publiqué! ¡Un único número y una única tirada de diez mil ejemplares! Eso, al menos, anunciaba. Diez pesetas en Madrid, doce pesetas en provincias, quince pesetas en el extranjero si querían la suscripción anual. Y créanme, si se hubieran suscrito, habrían leído lo mejor que podrían leer en español en 1920 ¡Cuántas plumas amigas, cuantas plumas prestadas! ¡Cuántas se prometían! Pero no lo hicieron, no hubo suficientes lectores. Disparamos hacia arriba, con el cuello tan inclinado que nos dejamos la espalda y nos cayó, como un rayo, la indiferencia.

Dejen que les lea la primera página del único número de *Reflector,* publicado gracias al apoyo de unos pocos anunciantes, amigos y, cómo no, de mi padre:

Espíritus jóvenes —y ardientes embajadores de la nueva era— animados de una misma sed de conquista, luchan incesantemente en los ejércitos de vanguardia, asestando el piquetazo definitivo a los falsos iconos aún pujantes y haciendo surgir de las ruinas las rojas corolas de novísimas floraciones mentales.

¿Alcanzará su foco a dar luz a las lejanas vírgenes? ¿Su intento de irradiar hacia

el futuro las concepciones estéticas de nues-
tro tiempo, se verá cumplido? Hemos soña-
do tan intensa su potencia lumínica, tan
prolongada su línea de acción, que en algu-
nos momentos nos asalta la idea de que la
realidad se imponga y contradiga nuestras
más altas ilusiones.

Está claro que lo escribí yo, que aún sufro con los mismos anhelos, los mismos miedos y –¿por qué no?– de las mismas contradicciones. Ahora que lo he releído me surgen dudas. ¿A dónde van esas *novísimas floraciones mentales* cuando mueres tan joven? ¿Envejecen, como los cuerpos, las ideas? ¿Y si lo hacen? ¿Lo hacen mal? ¿O son capaces de resistir al tiempo y de mostrarse siempre, siempre, hasta la muerte anciana, *novísimas*? Insisten, como en un *¡Ay!* que no se resuelve. Y lo que no se resuelve, no puede juzgarse, como en un tribunal. Otra vez, el juicio, la duda… ¿qué dirán ustedes? ¿qué pensarán de mi obra? ¿Se merece un fantasma centenario la resurrección literaria? ¿Son su ambición y su talento, su *¡Ay!* suficientes para hacerlo retornar, aunque sea por una tarde? Estas dudas bastan para ser, además de fantasma, atormentado. Así es cómo resisto yo, en un *¡Ay!* desesperado, sin mérito y sin testigos, como el amor sin consumar, sin pecado y sin fiesta. No me queda más remedio que seguir leyendo:

VERBENA

Las carreteras vírgenes
                    cogidas de la mano
ofrecen sus vientres desnudos
a los aeroplanos

                    En un beso sin alas
                    me remonté a una estrella

Aquella nube blanca
                    que me enjugó las lágrimas

hoy a muerto de pena
De mi sortija penden
                    todos los merenderos
                    y en mis hombros reposan
                                    los senderos

Las miradas de todas las doncellas
               se habían enroscado en mis pies
                    ADELANTE
El humo de mi pipa pita como un tren.

Este ha tenido gustarles. Debería de seguir leyéndoles. No se cansan. ¿Cómo puede ser? Apenas cuatro poemas les he leído. ¿Saben cuántos escribí? Ni yo lo sé. ¿Saben cuántos vieron la luz? Diría que ni veinte. Intento mirarles a los ojos pero sus reacciones se me escapan. ¡Qué rabia de sombras! En los espejos sólo se reflejan sus muecas deformadas. Ni siquiera la risa queda. ¿Dónde está el aplauso que me merezco? Náufrago trivial, a la espera de la ola que no llega, la que me aúpe o me hunda, pero que llegue.

Mi público, tan callado, me obliga a seguir, ¿pero cómo?

No hay nada peor que esto. No se empachen de silencio, que me matan. Si al menos fuera cierto, que podrían matarme con su silencio, me matarían con nada y sin esfuerzo, como a una hormiga.

Estaría muerto, como Gerardo, como Federico, muertísimos los tres, sin preocupaciones, muertos y tranquilos. Y, sin embargo, no: estoy muerto y no muerto a la vez y estoy sordo, por su culpa, que no dicen nada. ¡Ni homenajes, ni alabanzas, ni muerto ni tranquilo!.

Lo que estoy es agotado. ¿Cuánto tiempo puede uno luchar contra el anonimato? Se van a marchar y yo me quedaré sin respuestas... oyendo sin cesar esos motores que tanto me gustaban y que ya no son más que ruido ¿Cuántos años más puedo seguir así? No tengo fuerzas, la duda me enferma y no muero. ¿Y si nada nos hubiera valido? Tan poco tiempo para probarme, tantísimo tiempo esperando a saber quién soy: el del talento malogrado, el eterno secundario, la promesa inconclusa. la semilla de poeta... Me rindo. Mis espejos ya no revelan nada. Y no me importa. Las dudas, que callen.

Como mucho, me queda un recuerdo, o ni eso, me queda una escena que imagino: mis amigos me lloran en silencio, mi cadáver, tan limpio, tan recto, tan muerto, los impresiona. Pasan los minutos y alguien pregunta al aire, como en un lamento, «¿Y ahora qué?» Y se oye un murmullo, pero nadie responde. No entienden la pregunta, que se pierde en la habitación como un vapor incómodo. ¡Pero yo sí! ¿Ahora qué? ¡Ahora seguís! Eso habría gritado, ¡ahora seguís! Yo os señalo el camino, lo que pase después no es cosa mía.

Y lo que pasó no hace falta que se lo diga.

¡Seguid!, les dije. Y por allí se fueron mis amigos, y sus amigos después y todos los que nos siguieron, todos esos que ahora leen, que citan, que recuerdan. Yo quemé los rastrojos, regué los campos secos y asfalté los caminos por los que luego se perderían. ¿Semilla de poeta?... nada de eso. ¡Nada de eso! Semilla de poetas, mejor dicho. ¡Eso fui! ¡Semilla de poetas!

Pero ocurrió lo que ya saben: cuando el árbol crecía, caí enfermo. Mis amigos, tan erguidos, tan tristes, me lloraron. Sobre todo uno, que escribió sobre mi muerte un poema que oigo, como si fuera hoy el día, como si aún pudiera oír, cadáver, su voz en mi velatorio.

EN LA MUERTE DE
JOSÉ CIRIA Y ESCALANTE

¡Quién dirá que te vio, y en qué momento!
¡Qué dolor de penumbra iluminada!
Dos voces suenan: el reloj y el viento,
mientras flota sin ti la madrugada.

Un delirio de nardo ceniciento
invade tu cabeza delicada.
¡Hombre! ¡Pasión! ¡Dolor de luz! Memento.
Vuelve hecho luna y corazón de nada.

Vuelve hecho luna: con mi propia mano
lanzaré tu manzana sobre el río
turbio de rojos peces de verano.

Y tú, arriba, en lo alto, verde y frío,
¡olvídate! y olvida al mundo vano,
delicado Giocondo, amigo mío.

Tu nombre, Federico, pesa tanto como un planeta, tu nombre que obliga a los muertos, a los vivos y a los fantasmas a orbitar en torno a ti. Mi amigo, muerto joven como yo, joven y erguido, sano y verde como un árbol repleto de frutos. Federico, te imagino en el velatorio, con la mirada fija en un féretro que no te puedes creer que contenga mi cadáver. Te hago caso, amigo mío, me olvido del mundo vano, como se olvida la semilla cuando ya ha brotado. Si quieren leer algo, ya saben donde encontrarme. Si no, busquen por ahí.

Se acabó. Ahora sí, voy a acostarme, ahora que mi cama no tiene otros huéspedes. Al menos durante unos días me recordarán. ¡Hablen de mí! Háganlo por los poetas jóvenes, esos que están por venir, que me ataquen, que me desprecien, que me aplaudan si quieren, pero que se acuerden, que si no los frutos se pudren. A diferencia de mí, me sobrevivirán y eso ya es un logro.

ÍNDICE

Este monólogo fue escrito para recordar a José de Ciria y Escalante (Santander, 1903-Madrid, 1924) en una velada organizada por la Fundación Gerardo Diego en la Sala Casyc Up de la Fundación Caja Cantabria de Santander el 21 de noviembre de 2024. Jorge Prieto interpretó al poeta Ciria, Lucía Alvear se encargó de la dirección y Mina K. de los visuales.

Un poeta intrascendente,
de Santiago Mazarrasa,
se terminó de imprimir el
30 de diciembre de 2025